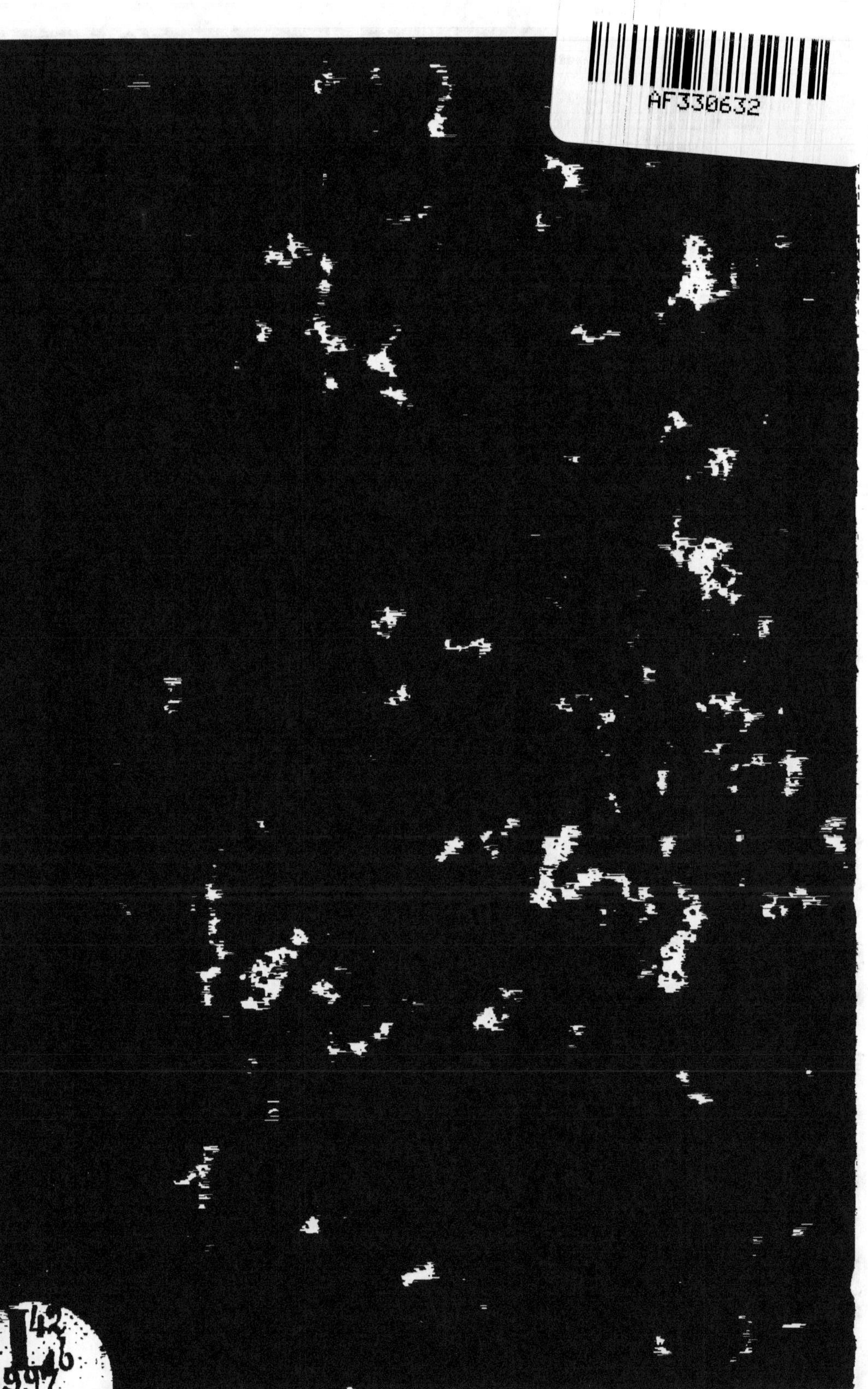

Sur le 22 floréal.

APPEL

AUX PRINCIPES.

A PARIS,

1er Vendémiare an 7 de la République.

APPEL AUX PRINCIPES,

OU

DEUXIÈME LETTRE

DE ROBERT CRACHET,

DÉPUTÉ au Conseil des Cinq-Cents, par l'Assemblée électorale de l'an six du département du Pas-de-Calais,

AUX RÉPUBLICAINS DE CE DÉPARTEMENT.

Il faut opposer la hardiesse des principes à l'audace des usurpations. Défendre la constitution et les principes, ce n'est point opérer des déchiremens ; c'est éloigner les causes qui les produisent.

Page 47 de la Lettre.

LA FORCE a pu me fermer les portes du conseil des cinq-cents, où votre volonté et celle du peuple français avaient marqué ma place ; mais cet attentat contre la souveraineté du peuple, peut-il effacer le caractère auguste dont vous m'avez revêtu ? Vous exerciez, au nom du peuple, une délégation souveraine, quand je reçus de vous l'honorable

A

mission de défendre les droits et les intérêts de tous : le crime, qui viola tout, a-t-il donc pu me délier des obligations sacrées qu'une telle mission m'impose ? Au milieu des obstacles et des périls que peuvent rencontrer, dans leur carrière, ceux qui sont appelés, par le peuple, à l'honneur dangereux de le représenter, quel doit être le terme de leurs efforts ? Leurs devoirs sont-ils remplis, parce qu'on leur opposa une coupable résistance ? Ou plutôt, cette résistance ne multiplie-t-elle point leurs devoirs ? Et n'est-ce pas alors sur-tout qu'ils doivent déployer la sublimité de caractère, qui convient à des représentans du peuple, dont le zèle doit augmenter avec les obstacles, dont le courage doit croître avec les dangers? Enfin, leurs sacrifices et leurs travaux peuvent-ils avoir un autre terme, que le triomphe de la constitution et des principes, ou une mort glorieuse?..

L'exercice de mes fonctions dans le sein du corps législatif est suspendu par le fait ; c'est à cela que se bornent tous les effets possibles de la violence exercée contre votre choix ; mais mon titre reste tout entier, et mes devoirs sont doublés. Tout ce que j'ai de moyens, je dois les employer à l'acquit religieux de ces devoirs imposans. Si ma voix ne peut se faire entendre à la tribune législative, ma plume y suppléera. Je livrerai à l'opinion publique mes réflexions sur les choses et sur les hommes, autant qu'ils présenteront quelque rapport avec les intérêts et les droits du peuple. La constitution, *qui est pour nous le dernier asile de la liberté*, la constitution sera l'objet particulier de ma sollicitude. Je me porterai, pour ainsi dire, *à la fois*, sur toutes les brèches qu'on lui a faites, et là, j'exciterai à sa défense, tous ceux qui comptent pour quelque chose la liberté, la paix, et le bonheur public. Dans ces actes dé-

sintéressés d'un courage civique, vous reconnaîtrez l'homme
que vous avez cru digne, par son zèle, de vous représenter.

Après la jouissance bien douce attachée à la défense
des principes, rien ne pouvait m'être plus flatteur que
de voir accueillir, par vos suffrages, ma première récla-
mation. Malgré l'affaissement effrayant de l'opinion publique, depuis le 22 floréal, dans presque toutes les
parties de la France, j'ai la précieuse conviction, que
lorsque l'on fait entendre le langage des principes *dans
le Pas-de-Calais*, on ne crie point *dans le désert*.

Si je n'avais eu d'autre but que d'effacer la tache
particulière que l'acte du 22 floréal aurait pu imprimer
à mon nom dans l'esprit de ceux qui ne connaissaient
point ma vie publique, pendant le cours de la révolution,
il serait rempli. Tout ce qu'il y a d'esprits droits,
d'hommes intégres dans les départemens, ont rendu justice à la moralité et à la pureté des vues de l'auteur de
l'Appel aux principes. Cette estime est la seule dont un
homme d'honneur puisse être jaloux. Que lui importe ce
que peut penser et dire de lui la horde des intrigans et
des hommes corrompus ? Les éloges de pareils êtres sont
un opprobre.

S'il avait pu entrer dans les considérations que j'ai dû
peser avant la publication de ma première lettre, de penser
à l'opinion que les royalistes, les olygarques et leurs journaux en auraient manifestée, il m'eût été facile de deviner
que les plus déhontés d'entre eux n'auraient osé entre-
prendre de la réfuter, mais qu'ils auraient eu recours à
de fausses suppositions, à des injures grossières. C'est là
eur marche ; elle est au reste si connue, si usée, que

leurs partisans même leur savent mauvais gré de la suivre , sans pouvoir toutefois leur en indiquer une autre; tant il est vrai que le machiavélisme même , qui renferme cependant toutes les conceptions de la corrup-tion, est circonscrit dans un cercle étroit !

Je vais , *encore aujourd'hui* , ô mes concitoyens , re-porter votre attention sur la mesure du 22 floréal. Je ne perdrai de vue cette époque , que lorsqu'elle aura été purifiée par le courage du corps législatif.

Les auteurs de la mesure inconstitutionnelle du 22 floréal, inquiets sur les suites de leur entreprise tyrannique , dont rien ne pouvait couvrir la criante injustice, avaient eu soin de chercher , à obtenir par la terreur et des inquiétudes personnelles , cette disposition à tout croire, qui leur était si nécessaire, mais que leurs feintes alarmes et leurs fables extravagantes n'avaient pas eu même la puissance de com-mencer : par exemple , lorsque des députés du nouveau tiers , s'informaient à leur arrivée , avec une curiosité *un peu gênante* , des causes qui avaient pu motiver une semblable mesure , on leur disait avec un ton hypocrite-ment mystérieux : « Les exclus n'ont pas à se plaindre ! « ils ont frisé la déportation !..... Eh ! on n'a pas frappé « tous ceux qui.... Qu'on ne force point à devenir moins « indulgens ! »

Les nouveaux admis , étonnés , confondus de tant de bassesse et de tant d'audace , se demandaient avec décou-ragement ce qu'ils avaient à y opposer , ou à quoi leur servirait leur mandat. Enfin, on chercha par mille moyens à leur persuader qu'ils marchaient tous sur une terre *mou-vante* , afin qu'occupés exclusivement de leur propre sûreté, ils ne songeassent point à retirer du gouffre du 22 floréal leurs collègues sacrifiés.

J'étais attentif aux menées de cette faction. Je la vis ; désespérant de pouvoir jamais inoculer , même aux plus abbatus, cette déplorable maladie de la tête et du cœur , dont le plus triste symptôme est l'approbation du 22 floréal , s'appliquer avec un soin extrême à répandre dans l'ame des républicains , au sein même du sénat , la consternation , la stupeur , l'épouvante ; mais ces sentimens sont presque toujours les précurseurs d'une indignation plus profondément sentie. Je crus que la gloire de travailler à sa plus prompte manifestation ne devait pas être étrangère aux représentans du peuple arbitrairement éliminés ; je publiai ma première Lettre.

La défense de la constitution et des principes contre une faction puissante , le tableau de mœurs douces et sociales , d'habitudes civiques et d'une vie sans reproche , sont des titres infaillibles pour exciter l'attention , et se concilier la bienveillance des républicains. Tel est le pouvoir de la vérité, développée sans artifice, que cet essai a recueilli l'assentiment de ceux-mêmes qui ne partagent point notre enthousiasme pour les principes républicains, mais qui soupirent , comme nous, vers un ordre de choses, fixe, immuable, où la loi, seule dominatrice et toujours exécutée, offre la garantie de la tranquillité et du bonheur de tous.

La faction du 22 floréal, témoin de ces effets, en a frémi. Que dire, cependant ? que faire ? N'importe ; il falloit arrêter la contagion des suffrages publics accordés à l'écrit ; et voilà que les journaux de la faction ont reçu chacun leur bulletin, qu'ils se sont empressés de publier.

Il faut malheureusement que je vous entretienne de tout cela, pour vous apprendre *en quel état* ils ont eux-mêmes laissé le 22 floréal. Ces *hommes à doubles gages,* qui servent plus d'un maître, se sont bien gardés d'aborder la réfutation directe de la brochure. Ils ont parlé *de parti anarchique, de comités, de tribunaux révolutionnaires, de motions contre les chers dilapidateurs, de la résistance aux impôts BIENFAISANS, de discours révolutionnaires sur la crainte de voir altérer la constitution, de Babœuf, de Richer-Sérisi, de Lémérer*, etc. Quel rapport ces excursions pouvaient-elles avoir avec les principes développés dans la brochure, et avec le caractère particulier de celui qui les énonçait? Mais leur cause est si mauvaise! En leur montrant la constitution mutilée, leur position devient celle de l'assassin, auquel on représente le cadavre ensanglanté de sa victime. Dans une position pareille, il est permis de perdre la tête.

J'ai obtenu plus d'un succès sur les *Floréalistes*. Ils ont renoncé à la ridicule prétention de soutenir que leur attentat contre la *constitution* était *constitutionnel*. Ils se résignent à reconnaître, comme toute la France l'avait reconnu avant eux, que la constitution a été violée le 22 floréal; et le *Rédacteur* lui-même, le *Rédacteur officiel*, avoue que cette mesure est inconstitutionnelle, et me fait la grâce de *dire qu'à cet égard j'ai raison* (1).

Misérables! vous avez cependant soutenu le contraire! Vous avez métaphysiqué la constitution avec un artifice *jésuitique*, pour établir qu'elle vous laissait la faculté, *qu'elle vous imposait même le devoir* de passer au creuset de vos passions, les choix du peuple souverain (2). Vous avez eu l'impudeur d'appuyer cette prétendue constitutionalité de la mesure, sur les articles 43, 376 et 377 de la constitution.

____

(1) Voyez le Rédacteur du 1 fructidor.

(2) Voyez l'acte du 12 floréal.

Ces citations étaient ridicules sans doute; elles étaient loin d'établir la moindre apparence de constitutionalité dans une entreprise aussi subversive de leur *propre sens* et de celui de la constitution *toute entière*. Moins elles sont con-cluantes en faveur du système qu'on voulait introduire, plus l'usage qu'on en a fait dépose contre la perfidie des vues qu'on se proposait de remplir .... Quelles sont donc ces vues ?.. *En floréal*, on a tout fait pour paraître s'environner de la constitution ! *Aujourd'hui*, on a la complaisance d'avouer que la constitution a été violée !.. Je dirai un mot là-dessus; mais passons à un autre aveu non moins éton-nant, et qui doit jeter un grand jour sur les dangers de la constitution.

On ne conteste donc plus qu'elle a été violée, cette charte qui doit cependant toujours rester inviolable. Ses *violateurs* sont ses propres *gardiens*, ceux qui se vantaient, dans l'acte même où ils la violent, d'avoir reçu d'elle le devoir spécial de la défendre et de la conserver intacte!!! Ce n'est pas tout ! les motifs sur lesquels s'appuie l'acte violateur, com-battus par la raison et la justice, sont abandonnés par la faction même qui les avait invoqués !... Vous vous rappelez l'emphase avec laquelle on avait dénoncé, dans des messages et à la tribune législative, *la présence* et les *succès* d'une horrible *conspiration*, qui avait ouvert les portes du sénat à ses chefs, respirant le meurtre et le brigandage. Le Ré-dacteur officiel vient nous dire, dans sa feuille du 14 fruc-tidor, à l'occasion de ma première lettre, *que le 22 floréal n'a point eu à frapper des conspirateurs.* Ce sont ses termes!

Cependant le message du 13 floréal, en appelant la solli-citude du conseil des cinq-cents sur les élections, assure *que rien n'est plus INVINCIBLEMENT DÉMONTRÉ, que rien n'est plus MATÉRIELLEMENT PROUVÉ que cette vaste conspiration*, *dont les assemblées primaires et électorales ont vu éclore les résultats.* On ne se contente point d'annoncer l'existence de la conspiration, comme une chose évidente ; on prétend que, d'une foule de *détails*, *de faits* et de *renseignemens*, il est *établi*, *d'une manière péremptoire*, que *le plan principal des CONSPIRATEURS était de renverser*, *par des moyens violens*, *les deux conseils*, *le directoire*, *et la constitution de l'an III.* Pour ne point laisser de doute que la conspiration avait fait nommer ses plus féroces partisans, le directoire conjure le conseil de ne *point permettre à des BOURREAUX* de se constituer les juges des autorités suprêmes, mais de marquer du sceau de la réprobation, ces CHOIX INFAMES ! (1)

Le rapport de Bailleul, que l'on sait assez n'être pas moins *officiel* que le message, donne, *comme fait positif*, *qu'il a existé deux conspirations* (2). Il parle des projets *des conspirateurs de composer même la Haute-Cour d'hommes qui leur fussent dévoués* (3) ; ce qui prouve, selon Bailleul, que des *conspirateurs* avaient choisi des *conspirateurs* ! Il ne veut pas même laisser croire qu'il ne s'agirait que d'un complot non exécuté ; il prétend qu'il y a commencement d'action, révolte flagrante ; il assure qu'il existe des *FAITS multipliés*, qui demandent *une mesure de DÉFENSE* proportionnée à *L'ATTAQUE.*

Au reste, les considérans même de l'acte du 22 floréal annoncent *qu'il résulte*, *d'une foule de faits INDUBITABLES*, *de pièces AUTHENTIQUES*, *qu'une conspiration a*

---

(1) Voyez la note à la fin de l'ouvrage.
(2) Rapport de Bailleul, du 18 fructidor, page 4.
(3) *Idid*, page 10.

été formée pour renverser, par le moyen des élections, la constitution de l'an III ; qu'elle a employé des agens qui devaient marcher vers ce but, etc. (1).

Voilà qu'il est bien démontré, d'après le message du directoire, le rapport de la commission, et les considérans mêmes de la prétendue loi, qu'au 22 floréal on a voulu établir qu'il existait *une conspiration*, et que c'était réellement *une conspiration* qu'on disait vouloir frapper. Remarquez, ô mes concitoyens, que les allégations de l'acte du 22 floréal sont celles du message même ! Et aujourd'hui, un journal qui est, observez-le bien, qui est à la *même source* que le message, et qui trop souvent nous laisse entrevoir, et nous dit même ce qu'on y pense, avec plus de vérité que ne le fait un message, nous affirme que le 22 *floréal n'a point eu à frapper des conspirateurs ! ! !...*

J'en appelle à toute la France, à l'Europe entière ; le 22 floréal n'a-t-il pas été annoncé comme frappant des *conspirateurs*, les conspirateurs les plus *féroces*, qui devaient substituer, au régime constitutionnel, un régime arbitraire, tyrannique, et qui avaient déjà tout *prêts des tribunaux de mort* (2) ! ! ! La France et l'Europe n'y ont pas cru ; mais il n'en est pas moins vrai que les auteurs du 22 floréal, les seuls conspirateurs de cette époque, ont présenté leur attentat comme *un parti constitutionnel, et non extraordinaire, pour résister à une conspiration admise comme fait positif* (3).

La force de la vérité arrache donc quelquefois des aveux

---

(1) Voyez les considérans de la loi du 22 floréal.

(2) Voyez le message, le rapport, les discours et la loi.

(3) Rapport de Bailleul, page 12 et 4.

à ceux-mêmes, qui, par système et par habitude, se sont prémunis contre elle !... On avoue donc aujourd'hui que la *constitution* a été *violée* au 22 floréal, et que cependant *les exclus* n'étaient pas des *conspirateurs* !... Bailleul, où êtes-vous ? La tache de cette journée vous appartient-elle à vous *seul* ? Est-ce sur vous que rejaillira tout le mépris que doivent inspirer les blasphêmes politiques et les horribles mensonges qui ont été proférés, le 18 floréal, à la tribune des cinq-cents, pour faire violence à la conscience timide des législateurs trop crédules ?... Bailleul, voyez-vous le danger de n'être que l'instrument des projets illégaux et inconstans de l'ambition envahissante et ombrageuse?... Lorsqu'un représentant du peuple émet ses propres idées, on peut et on doit lui pardonner ses erreurs ; mais lorsqu'il n'est que l'organe servile des idées des autres, il porte tout le poids du mépris qui peut être attaché aux erreurs qu'elles renferment. Qu'est-ce donc lorsqu'il est l'écho des plus vils mensonges, dont l'effet sacrilège prive le peuple de dignes mandataires, entame sa constitution, et la laisse ouverte à toutes les dégradations ?

Quelle que puisse être la part de Bailleul à l'opprobre de la mesure du 22 floréal, ce qu'il ne faut pas perdre de vue, ce à quoi il faut s'attacher, c'est qu'il est avoué, par ceux mêmes qui ont, au moins autant que lui, coopéré à la mesure, que *la constitutian a été violée, et qu'il n'y avait point conspiration.* Ainsi, de leur aveu, le mensonge a été invoqué au 22 floréal ; il a été consacré en loi ! Quelles inductions à tirer de ces aveux tardifs, mais précieux ! Graces vous soient rendues, ô ingénu Rédacteur ! il faut donc détacher de ce que l'on *appèle la loi du 22 floréal* (1) , tous ses considérans ; car il n'y est fait mention que de *conspiration* et du devoir *CONSTITUTIONNEL* de casser les choix du peuple. Ces considérans ôtés , la loi est ce qu'elle doit paraître , une loi sans motifs.

D'après cela , sied-il bien aux inconséquens amis du 22 floréal de trouver étonnant de me voir prendre le titre de représentant du peuple ? Il serait bien plus étonnant de les voir prouver que je ne le suis pas ! Ils m'opposent une prétendue loi, *deshonnorée* par son inconstitutionnalité, et par le mensonge ; et moi, au nom de qui viens-je le prendre ce titre auguste ? dans quelle source vais-je le puiser ?.... Je le prends au nom *du peuple* qui me l'ordonne ; je le puise dans la *constitution* , qui me reconnaît et réclame en moi l'un de ses gardiens !... Ces oracles valent bien les leurs.

Que peut-il rester actuellement pour appuyer cet acte du 22 floréal ? Constitution violée ! Point de conspiration ! en voilà deux fois autant qu'il en faut pour la réprobation de cet acte inique. Ecoutons le Rédacteur : « Le « 22 floréal n'a point eu à frapper des conspirateurs ; « mais par *une espèce de prévoyance politique* , que les « *circonstances* nécessitaient , il a dissipé ces *nuages fac-* « *tieux* qui cherchaient à se *condenser* en quelque sorte « en *conspiration* (2) ». Des *nuages FACTIEUX* qui se

____

(1) La loi est l'expression de la volonté générale. Peut-on appeler loi, un acte qui, comme celui du 22 floréal, est en opposition avec l'expression la plus caractérisée de la volonté générale, avec les principes bien connus de ceux à qui on l'a surpris, et avec les maximes fondamentales de not e charte constitutionnelle, et avec tous les élémens de notre système représentatif ! etc. etc.

(2) Voyez le Rédacteur du 14 fructidor.

condensent en *CONSPIRATION* ! cela n'a pas un sens bien clair , bien précis , et ressemble assez à l'artificieuse obscurité des anciens oracles. Ce ton d'ailleurs ne va pas mal à ceux qui , comme le Rédacteur, sont le truchement entre les dieux et les faibles humains , et veulent bien par fois soulever un coin du voile qui cache aux mortels les mystères des dieux.

Au reste nous en avons assez compris pour savoir que le Rédacteur prétend faire passer la mesure inconstitutionnelle du 22 floréal , à la faveur de *circonstances* qui , selon lui , *nécessitaient une espèce de prévoyance politique*. Il se présente ici plusieurs questions à faire.

1°. De quelle nature bien grave , pouvaient être ces *circonstances* , puisqu'il n'y avait pas conspiration ?

2°. *Cette espèce de prévoyance politique* dont on parle , ne pouvait-elle s'exercer *autrement* que par une *inconstitutionalité* ?

3°. Peut-il y avoir jamais lieu à ce que cette dangereuse et très-suspecte *PRÉVOYANCE politique* , à quelque espèce qu'on veuille la rapporter , *puisse* s'exercer par une *inconstitutionalité* ?

Voilà trois questions que je soumets franchement à la décision du Rédacteur. En l'attendant , je vais essayer de leur donner quelque développement.

PREMIÈRE QUESTION.

Le Rédacteur n'est pas le seul qui parle des *circonstances impérieuses* du 22 floréal. C'est aussi, au moyen *de ces deux seuls mots* , que ma première lettre a été complétement réfutée par le *Publiciste* , le *Fanal* , l'*Écho* , le *Surveillant* , l'*Observateur* , etc. etc. etc. Il est facile de voir qu'ils

avaient tous reçu le même thême. La seule chose qui
puisse embarrasser et nous tenir incertains , c'est que tous
laissent à deviner de quelle nature étaient ces *circonstances
impérieuses qui nécessitaient une espèce de prévoyance
politique.* Nous savons seulement qu'il ne s'agit plus de
conspiration. Mais ces mots *circonstances qui nécessitent
une espèce de prévoyance politique* , ne seraient-ils point
les termes techniques de notre *nouveau tempérament politique* , et qu'on aura soin d'opposer désormais *à l'instinct
agitateur des factieux* , de ces *factieux* dont la plus
anarchique opinion est de penser que c'est la constitution
même , et la constitution seule , dans ses loix et leurs
conséquences directes , qui peut et doit servir de règle
pour *constituer définitivement la FORCE de notre gouvernement* (1)? En effet , il faut bien se souvenir , comme
l'observe judicieusement le Rédacteur, *que notre nouvelle
théorie politique ne ressemble pas à celle des Solon et
des Numa* , sans doute, parce que chez eux les loix avaient
un culte , qu'elles étaient révérées comme la volonté. des
dieux, et que les citoyens et les magistrats qui les enfrei-
gnaient , étaient regardés comme d'infâmes sacrilèges !
*Mais ce systême des temps anciens est la théorie des fac-
tions* (2). Nous voulons *que le nôtre soit la théorie du
sommeil ; et* comme *nous avons perfectionné le modèle des
institutions républicaines que nous avons reçues des anciens ;* il faut que cette antique idolâtrie des loix , qui
ferait *que nous nous croirions encore au Forum romain ,
ou sur la place d'Athènes , ne vienne point altérer les*

____

(1) Voyez le Rédacteur du 14 fructidor.

(2) *Ibid.*

ressorts *de la* FORCE du gouvernement ; mais il faut au contraire qu'il lui soit permis de *s'emparer des principes,* pour les mettre en séquestration , *lorsque des* CIRCONS-TANCES *nécessitent cette* PRÉVOYANCE *politique.*

Certes voilà bien , je le confesse avec vous , citoyen Rédacteur , *une profondeur de combinaisons politiques propres à inspirer au génie de Cicéron , l'enthousiasme de l'admiration* (1) : cependant Cicéron n'aurait-il pas pu deviner que César connaissait aussi un peu la mise à profit de *circonstances qui nécessitent la prévoyance politique* de faire taire les loix selon son bon plaisir ?.... O cher Rédacteur , je vous conseille de garder long-temps le privilège *exclusif* de la presse ; c'est le moyen infaillible de dire toujours , comme vous le faites , des choses *irréfutables.*

Mais, à parler sérieusement , la mesure du 22 floréal n'a plus que le seul étai des *circonstances.* Cherchons à nous mettre sur la voie des circonstances qui ont pu commander une inconstitutionnalité. On parle de *nuages factieux* qu'on a dû dissiper ; de *germes révolutionnaires* qu'on a dû étouffer. Où tout cela a-t-il existé ? Qu'y a-t-il de plus *factieux, de plus révolutionnaire, que de violer la constitution ,* comme on l'a fait au 22 floréal ? Où sont les faits , qui annonçaient quelque danger? Où sont les preuves à l'appui ? Parlerai-je encore de ceux qui sont relatés dans le message du 13 floréal? Ce ne sont que des allégations dénuées de toute authenticité. En les prenant pour vrais , ce ne sont que des faits isolés , nullement influens sans

____

(1) Tout ce qui est sousligné , est tiré mot pour mot du Rédacteur du 14 fructidor.

Aucun rapport avec les élections , et sur-tout avec les élus exclus.... Existe-t-il d'autres faits ? Sont-ils plus graves ? Pourquoi n'aurait-on publié que les plus légers ? Pourquoi les pièces n'ont-elles point été lues, communiquées aux conseils ? L'histoire , ô mes concitoyens , rapportera, avec scandale , qu'on a fait ; au 22 floréal , un triage des élus du peuple , sans qu'il ait été rien dit, rien lu , rien présenté contre les individus à exclure ; mais qu'on s'est contenté de lire la liste qui contenait leurs noms , et que les législateurs d'un peuple libre se sont levés pour proclamer la violation de la constitution , et la diffamation de quelques hommes, qu'ils ne connaissaient que par *l'honorable* confiance dont le peuple venait de le revêtir.

Où sont aujourd'hui les pièces à l'appui de ce fameux 22 floréal ?.. Elles ont disparu !.. Elles ont été enlevées, par ordre supérieur, aux regards curieux de ceux qui auraient voulu les compulser !.. Des députés nouvellement admis , qui avaient vu avec surprise une partie de leur députation exclue , sans pouvoir en deviner la cause , voulurent prendre communication des pièces à leur charge. Cette curiosité était importune : on y mit bon ordre. Les commis sont depuis long-temps réduits à dire aux curieux : *Elles étaient là*.

Qui que vous soyez, menteurs déhontés , vils artisans de calomnies , cruels fabricateurs de conspirations , osez donc livrer au public, aux représentans du peuple , *les faits* que vous appellez *INDUBITABLES* , *les pièces* que vous dites *AUTHENTIQUES* (1) !... Vous vous en garderez bien ! Votre but est rempli ; que vous importe d'avoir menti à toute la France ? la constitution a été violée , la représen-

____

(1) Voyez la loi du 22 floréal.

C

tation nationale avilie, décimée; vous étes satisfaits: c'é-tait-là votre but; c'est-là votre affreuse victoire!... Mais, l'opprobre est sur vos pas; il vous arrêtera dans la carrière où vous vous essayez; de nouveaux triomphes hâteront votre chûte! Ah! triomphez!...

C'est donc en vain que nous cherchons ce qui sollicitait *l'espèce de prévoyance politique* dont parle le Rédacteur, et dont on a fait, au 22 floréal, un essai tel que le système social en a été ébranlé. On nous répond par des *assertions* qui ont tout aussi besoin de preuves, que l'*allégation* même de la nécessité *de cette prévoyance politique*. D'un côté, la foule des journaux subalternes de la faction se contente de dire que, sans le 22 floréal, les échafauds étaient redressés. D'un autre côté, le journal en chef, le *Rédacteur*, prenant fort à propos le ton emphatique et mystérieux des anciens oracles, se borne à déclarer que des *nuages factieux étaient prêts à se condenser en conspiration*. Voilà comme on rend compte de la mesure la plus audacieuse, la plus dangereuse qui puisse avoir lieu, qui a fait taire la constitution et les principes!

DEUXIÈME QUESTION.

Supposons qu'en effet des nuages factieux apparaissaient, que des germes révolutionnaires se manifestaient; la prévoyance des conseils et du directoire n'avait-elle d'autres moyens à leur opposer qu'une *inconstitutionalité*?

Admettons ces dispositions factieuses dans la plus grande étendue; considérons-les dans tous leurs moyens et dans tous leurs résultats possibles.

Ceux qui reçoivent tout sur parole ont pu croire que la mesure du 22 floréal a éloigné du corps législatif des hommes qui, supposés factieux, auraient pu, *par leur nombre*, obtenir une influence dangereuse dans les conseils. *Vingt-neuf* députés seulement ont été nominativement éliminés. Oui, c'est pour *vingt-neuf* individus qu'on a introduit l'exemple *inconstitutionnel du triage* des élus du peuple, exemple funeste qui insulte à sa souveraineté, viole l'indépendance de la représentation nationale, et lance, au milieu de notre malheureux pays, tous les germes des fléaux politiques. Je le demande ; *vingt-neuf* individus, repartis dans deux conseils, qui sont composés de 750 membres, peuvent-ils exercer une opposition bien puissante ? Peuvent-ils même parvenir à y obtenir une consistance assez marquante, pour leur donner une apparence de parti ? Mais, dites-vous, les moindres divisions dans le corps législatif nous amèneraient des déchiremens, c'est ce qu'il a fallu éviter... Quoi ! auriez - vous assez peu de connoissance des hommes, pour croire que cinq cents individus d'une part, et deux cents cinquante de l'autre, conserveront toujours, respectivement et entre eux, une même teinte d'opinions, et que leurs délibérations présenteront toujours une surface aussi unie qu'on nous peint celle de certaines mers ? Ignorez-vous que, dans les assemblées politiques, les moindres nuances, qui distinguent les idées des divers membres, y produisent des divisions aussi prononcées, que s'il s'agissait de systèmes différens de gouvernement ? Non, le calme dont on parle ne peut avoir lieu ; et s'il existait, il serait une calamité ; il annoncerait que les conseils sont indifférens au bien public, ou asservis à un parti, directeur tout - puissant de l'opinion dans leur sein.

Mais supposons toujours que ces *vingt - neuf* députés sont entrés dans le corps législatif avec les intentions atroces qu'on leur prête ; qu'ils sauront ne point s'écarter , au milieu de leurs projets sinistres , de la prudence , de l'astuce , de l'hypocrisie des plus grands conspirateurs. Quels résultats obtiendrait leur marche conforme à ces prétendues dispositions ?... Pour savoir quels peuvent être leurs succès, voyons ce qui milite contre eux. Il ne faut point oublier que nous parlons dans l'hypothèse, où des faits à leur charge ont éveillé sur eux l'attention. Il arrivera donc qu'ils seront rigoureusement surveillés, que leurs opinions seront scrupuleusement analysées par leurs collègues et par le public. Il est difficile que l'on trompe , lorsqu'on est suspecté de vouloir en imposer. C'est cependant là la position où les *vingt-neuf exclus* se seraient trouvés au corps législatif. Cet état continuel de suspicion, s'ils en justifiaient la nécessité par une conduite anti-constitutionnelle, serait-il bien propre à mettre en crédit leurs maximes désorganisatrices ? Quoi ! 750 députés , moins 29 (1) , le directoire , l'armée,

---

(1) Il est à remarquer que plusieurs des 29 exclus ont été depuis placés , par le Directoire, dans des fonctions importantes, et que d'autres n'ont point cessé d'occuper celles qu'ils remplissaient avant leur élection , quoiqu'elles fussent au choix du Directoire. Je suis loin de les blâmer ; je les loue d'avoir su maîtriser leur ressentiment , et d'avoir préparé , par cette condescendance, qui n'est certainement point une renonciation à leurs fonctions législatives , un moyen nouveau de démontrer l'injustice du 22 floréal , et de tranquilliser les Conseils sur les suites du rapport de cet acte inique. Rien n'est plus propre à faire voir qu'il importait peu à la faction, comme je l'avais fait sentir dans ma première lettre , que tels ou tels fussent exclus ; mais que ce qui lui importait, c'était de consacrer la doctrine du triage , c'était de signaler sa funeste supériorité sur la constitution et la souveraineté du peuple.

les bons citoyens n'auraient pu opposer un frein à la déma-
gogie de 29 représentans du peuple, déjà signalés par des
faits publics ? J'en appele à témoin le bon sens et la bonne
foi ! Était-ce bien la peine de faire violence à la constitution, d'enfreindre les principes du gouvernement représentatif, pour exclure des Conseils vingt-neuf individus, dont
la présence, vu leur petit nombre, ne pouvait y opérer le
moindre résultat funeste, en leur supposant même les intentions les plus anarchiques et les plus féroces ?

On me citera peut-être plus d'un exemple, qui proûve
qu'une faction, sans avoir dabord un noyau plus considérable
de sectaires, peut parvenir à se rendre redoutable. Mais
remarquez donc qu'ici je parle, dans la supposition où *des
faits indubitables et des pieces authentiques*, comme le
disent les considérans de l'acte du 22 floréal, établiraient
que ces vingt-neuf députés auraient été élus, et seraient
entrés au corps législatif avec des intentions assassines.
Il fallait publier les faits qui avaient rapport à chacun des
vingt-neuf députés, respecter le choix du peuple, et pourvoir
au salut de la constitution, en les vouant à l'animadversion
et à la surveillance publiques. Tout espoir, tout moyen de
prosélytisme leur étaient interdits par la divulgation de leurs
projets. Les conspirateurs ressemblent aux abeilles, qui ne
travaillent plus dès qu'elles s'apperçoivent qu'elles sont
observées.

Ainsi, en admettant la suspicion établie contre les 29
exclus par le message, le rapport de la commission, et la
prétendue loi du 22 floréal, il est évident qu'on n'était
point obligé d'avoir recours à l'inconstitutionalité du triage,
pour soustraire la patrie à leurs coups ; mais que leur petit
nombre et le simple état de surveillance dans lequel les au--

rait placés la publication des faits qu'on prétendait avoir à leur charge, leur ôtaient tout moyen de nuire.

Quelle singulière prévoyance que celle qui prétend prévenir, par un attentat contre la constitution, celui qu'on suppose à certains individus l'envie de commettre !

Quelle prévoyance meurtrière que celle qui, pour prévenir les crimes, les punit avant qu'ils ne soient commis !

Ces deux sortes de prévoyance, dont la gloire appartient aux auteurs du 22 floréal, ne sont autre chose que des *crimes contre la sûreté générale et particulière* !

Sous quelque face qu'on envisage les motifs du 22 floréal, il est impossible d'y découvrir autre chose que des prétextes perfides pour arriver à des vues plus perfides encore... Génie de la république ! tu l'emporteras sans doute tôt ou tard ! Mais n'aurons-nous pas à supporter les fléaux du sommeil de la liberté, sous l'usurpation de quelques tyrans éphémères ?... N'aurons-nous pas à courir les chances sanglantes des guerres civiles, sous la confusion *inéquilibrale* et *désorganisatrice* des pouvoirs !... O vous tous, qui sentez le besoin de la garantie de l'état constitutionnel, proclamez vos alarmes et votre vœu, pour faire rendre à la constitution toute son intégrité !... Je poursuis cette tâche, en combattant, de tous mes moyens, les prétextes atroces et les maximes absurdes, à l'aide desquels on veut énerver et détruire la constitution. Je n'examine point ce que peut contre moi tel parti. Je vois la route des principes, la carrière de la vérité ; je m'y trouve lancé, non pas certes à mon insu, mais par la force de ma conscience, sans avoir examiné quels en sont les inconvéniens et les dangers. Il me suffit que ceux de la chose publique soient réels, pour que rien ne m'arrête !... Mon objet est de dire la vérité ; mon but est

de travailler à venger la constitution des insultes qui lui ont
été faites ; à éloigner de ma patrie les maux de l'arbitraire ;
à faire jouir tous mes concitoyens de la liberté civile et politique, sous le *seul* empire des lois ; à ne plus rentrer dans
l'état de révolution, au milieu duquel trop souvent il n'y
a que dangers, misère, crimes, et qui d'ailleurs est sans
motifs, lorsqu'une constitution fixe la volonté du peuple.
Oui, voilà mon objet et mon but ! Prêtez-moi d'autres vues,
écrivains stipendiés, factieux de toutes les couleurs, enfans
de la corruption, vous tous qui n'en avez jamais eu de
pures ; il est naturel que vous me fassiez à votre image.
Mais le temps qui justifie les craintes de l'homme de bien ,
les malheurs qui donnent l'expérience , montreront si mes
alarmes étaient fondées, et apprendront à rendre justice au
zèle *solitaire* d'un citoyen qui , oubliant ses intérêts privés ,
a osé dire des vérités utiles , mais dangereuses pour lui , et
protester contre les excès d'une faction, devant qui la ma-
jesté de la représentation nationale semble s'être éclipsée! ! !

Je ne sais même si , parmi les hommes au moins qui ne
sont pas demeurés étrangers à la scène politique , il en est
un seul qui puisse conserver le plus léger doute sur le but
que se proposaient les auteurs de la mesure du 22 floréal.
Comment se dissimuler, en effet, que cette grande iniquité ,
qu'on ne prit pas même la peine de voiler d'aucun prétexte
tant soit peu vraisemblable , ou d'envelopper sous l'apparence de quelques formes qui en pussent déguiser le scandale
et l'impudente nouveauté , n'avait d'autre motif que celui
de transformer l'autorité première et surveillante en instrument docile du pouvoir, qu'elle doit éternellement surveiller,
et ne fut consommée que pour le profit de ce dernier , à la
honte et au détriment de l'autre , par la plume et les intri-

gues des plus déhontés mouchards, des plus dévoués satel-
lites ?

Je crois avoir démontré que les *circonstances* qui auraient
nécessité, selon le *Rédacteur*, *l'espèce de prévoyance politique* du 22 floréal, n'étaient qu'un prétexte; que d'ailleurs, en supposant l'existence de quelques dangers, on
pouvait, *sans une inconstitutionalité*, mettre en sûreté la
chose publique.

TROISIÈME QUESTION.

Il me reste à examiner, s'il peut jamais y avoir lieu à ce
que telle espèce de prévoyance politique, qu'on veuille imaginer, puisse s'exercer par une *inconstitutionalité*.

Peut-on faire une pareille question, sous un gouvernement qui reconnaît la souveraineté des peuples ? Conçoit-on
rien de plus subversif de leur *repos* et de leurs *droits*, que
l'affirmative de cette question ? Nous serions donc revenus
aux maximes chéries des rois et de leurs ministres ? Louis XI,
Richelieu, Mazarin, Saint-Florentin, nous allons trouver,
dans vos *raisons d'état*, qui étaient bien aussi *une espèce
de prévoyance politique*, la science parfaite de la *force* du
gouvernement ! Examinons les actes les plus iniques des
plus détestables tyrans de l'ancien régime : ils ont soin d'y
vanter leur sollicitude, leur *prévoyance*. La *PRÉVOYANCE*
que *NÉCESSITENT* les *CIRCONSTANCES*, et par laquelle on
prétendrait légitimer toutes les violations, qui servent l'absolu
pouvoir, est précisément la même chose que ces v eilles *raisons d'état*, prétexte éternel de toute injustice et des vexa-
tions les plus révoltantes. C'est-là ce qui rend exécrable
l'ancien ordre de choses. C'est pour se préserver des *raisons
d'état*, des *coups-d'état*, fruits amers de l'ambition ou de

l'ombrageuse *prévoyance* des gouvernans, que les peuples libres font une *constitution*, et mettent tant de prix à son exécution. La *prévoyance* des gouvernans, sitôt qu'elle est autre chose que la *prévoyance* de la loi, n'est plus que l'arbitraire et la tyrannie. L'exécution stricte et opportune des loix, voilà la *prévoyance* des bons gouvernemens. Autrement, qui les empêcherait de sacrifier, selon leurs caprices, les principes aux circonstances, les droits du peuple à la politique ?... De bonne foi, a-t-on cru que nous avons renversé les Capets, pour transférer à quelques hommes, sous le titre nouveau de *prévoyance politique*, *le bon plaisir des rois*, qui était le mobile et la justification suffisante de leur conduite ? Croit-on qu'en abbatant la royauté, l'olygarchie, nous avons fait seulement la guerre à des *mots* ?... Non, c'est *le facile*, *l'inévitable accès* de l'arbitraire sous ces formes de gouvernement, que nous avons voulu fermer. Nous ne voulons plus de maîtres, quelques *prévoyans* qu'on les suppose ; mais des loix, et des exécuteurs fidelles des loix. Ce vœu n'a rien d'*anarchique* : le respect des sujets pour leurs rois, la soumission des esclaves pour leurs maîtres, n'a rien qui approche du respect, de la soumission des hommes libres pour les loix. Les loix, dans les républiques, exercent un véritable *despotisme*, mais qui entraîne les volontés sans violence, parce qu'il agit sur les cœurs. Ce despotisme *unique* de la loi constitue la liberté, l'indépendance sociale.

Qu'on ne vienne plus nous parler *de cette prévoyance politique*, qui croit pouvoir imposer silence à la loi, et que l'on fait prôner, non sans dessein, dans des journaux salariés ; tout cela n'est autre chose que l'apologie du pouvoir arbitraire.

E

Il est une réflexion qui ne doit point échapper à l'observateur politique ; c'est que les rois se font aujourd'hui un mérite de rappeler à leurs nations, par l'organe de leurs ministres, qu'ils les ont gouvernées et les gouverneront toujours *selon les loix* (1). Dans notre république , on préconise *officiellement* l'infraction des loix , la violation de la constitution ?...

Serait-il donc possible qu'il fût quelquefois nécessaire de porter atteinte à la loi fondamentale ? Pour se convaincre du contraire , il est bon d'examiner de quelle part peuvent venir les dangers qui menacent la constitution.

On ne peut jamais accuser une nation de vouloir violer sa constitution , puisque cette constitution est sa volonté , et qu'elle cesserait d'être constitution , si elle cessait d'être sa volonté. Ainsi le danger ne peut venir que de la part des particuliers , ou de la part des pouvoirs.

Si ce sont *des particuliers* qui suscitent les dangers publics , en se mettant , par le fait , en révolte contre la loi , les pouvoirs constitués ont toujours à leur opposer la force publique , que la constitution met entre leurs mains. Loin d'y avoir lieu à violation de la constitution pour opérer cette résistance , la constitution se sauve alors par elle-même , car on sent que la force ordinaire des loix doit toujours être suffisante pour résister victorieusement à des particuliers qui se constituent en rébellion , lorsqu'il n'existe point de connivence entre eux et les pouvoirs.

Si la révolte est dans les *pouvoirs* qui doivent veiller au maintien de la constitution et des loix , on sent qu'alors les moyens qu'on oppose avec succès à *des particuliers* ,

---

(1) Ministre du roi de Prusse.

restent sans force , ou plutôt qu'ils ne peuvent être employés , puisqu'ils sont à la disposition des conspirateurs.
Mais peut-on nier que la faculté et le devoir de résister à
leurs complots n'existent réellement ? L'exercice de cette
faculté et de ce devoir est-il une inconstitutionalité ? Le
prétendre , ce serait étrangement abuser des mots et des
idées. Il n'est pas de constitution qui ne les consacre
explicitement ou implicitement : quant à la nôtre , elle en
a formellement légitimé l'exercice , en confiant son dépôt
au courage des bons citoyens , après l'avoir recommandé à
la fidélité des pouvoirs.

C'est donc une erreur de citer , comme une *inconstitutionalité ,* les moyens employés pour sauver la constitution
violée par les pouvoirs chargés de son dépôt..

C'est bien certes là le plus grand danger que puisse
courir la constitution : il suit donc pareillement qu'il n'y
a jamais de dangers , tels qu'ils nécessitent la violation
de la constitution.

Qu'on applique ces réflexions au 18 fructidor et au 22
floréal , il sera aisé de voir quelle idée on doit se former
des moyens qui ont été mis en usage à ces deux époques.

Il faut que tout ce qu'il y a de citoyens intégres , de
philantropes courageux , se réunissent pour faire proscrire
la doctrine qui admet des époques où il serait dangereux
de suivre la constitution et les principes ! Il n'y a pas
de dangers , dont les suites puissent être plus funestes , que
ceux qui résultent nécessairement de la violation des loix
et de l'abandon des principes. Si on convient une fois que
les circonstances peuvent autoriser à les négliger et à les
violer , l'ambition *ombrageuse* voudra nous faire croire à
chaque instant que ces circonstances existent ; l'ambition

usurpatrice se fera un jeu cruel de les faire naître : quel débordement de maux et de crimes, sera le résultat d'un pareil système !... Le repos public à chaque instant compromis, les propriétés sans garantie, la cessation de tout commerce et de toute industrie, la vie des citoyens dans de continuels dangers ; voilà tout ce qu'on doit attendre du système qui admet *cette prévoyance politique*, qui force au silence la constitution et les principes !...... Lorsqu'on a enfreint les loix et violé les principes, on ne domine point *avec sécurité*, ni par conséquent avec *modération*. Rappelons-nous les tristes pages de l'histoire Romaine, depuis que César eut pu *aussi* faire croire aux Romains qu'il était quelquefois nécessaire d'imposer silence aux loix, et de substituer, à leur fixité trop incommode, *une espèce de prévoyance politique*. L'imagination recule épouvantée devant les horreurs dont cette opinion a été la cause et le prétexte ! Les citoyens les plus vertueux ont été d'abord proscrits et livrés à l'exil ou à la mort, sous les plus frivoles motifs ! un homme vertueux est un *témoin* ou plutôt un *juge* trop incommode pour ceux qui, ayant une fois violé les loix et les principes, sentent tous les jours le besoin renaissant de les violer, pour maintenir leurs premières usurpations, ou pour satisfaire de nouvelles vues usurpatrices.

Après s'être défaits des hommes recommandables par leurs vertus, les tyrans de Rome, sans cesse obsédés de *ce malaise* qui dévore les tyrans, tournèrent leur esprit inquiet vers les hommes riches, dont l'opulence leur devint suspecte, par l'appréhension qu'ils ne s'en fissent un moyen de créer un parti contre eux. *Des délateurs* aux gages du tyran n'étaient occuppés qu'à imaginer des complots dans

lesquels ils faisaient adroitement entrer les noms des citoyens dont les richesses faisaient le plus d'ombrage à leurs
maîtres. L'opulence qui avait été regardée comme *un sujet
de crainte,* parce qu'elle pouvait être un *moyen de conspiration,* devint bientôt un *sujet de convoit se,* parce qu'elle
était un moyen de *récompenser la délation.* Les biens des
plus riches familles de Rome, passèrent entre les mains
des plus vils délateurs, pour prix de leurs infâmes déla-
tions. Malheur à celui dont la maison ou dont le champ
plaisait à l'un des délateurs du tyran ! il périssait, où
il était obligé de fuir, et sa maison ou son champ devenait,
sans autre forme, la proie du délateur ! Ce n'est là qu'une
faible exquisse des maux qui innondèrent la république
Romaine, pour avoir laissé introduire, par César, le systême d'une *prévoyance politique* qui faisait taire les loix
et les principes.

Les mêmes excès se sont renouvellés par-tout où la
même doctrine s'est introduite. Qui ne connaît point les
horribles effets des usurpations de Cromwel ?.. La théorie
de la souveraineté du peuple avait fait éruption dans l'Angleterre ; la royauté y était abolie ; la république proclamée
et s'avançant majestueusement vers de hautes destinées ! Là
comme en France, il s'établit une lutte vigoureuse entre
les républicains et les royalistes ; là, comme en France,
la corruption détacha de la cause du peuple quelques
hommes de la révolution, et parvint même à semer la
défiance et la division entre ceux qui étaient restés fidelles
à cette cause. Cromwel qui avait glorieusement servi la
république s'empara de ces circonstances pour se créer un
pouvoir arbitraire. Il jouissait du *grand crédit* que donnent *de grands services.* Il parla de la *nécessité* d'opposer

des moyens extraordinaires aux circonstances critiques. Il acquit l'ascendant le plus puissant sur le parlement, qui ne fut bientôt plus qu'un fantôme de corps législatif, chargé de convertir en *bills* les *volontés* de Cromwel. Enfin Cromwel fit croire que *sa prévoyance* seule pouvait *sauver la patrie*, et il *régna* sur la *république* d'Angleterre! Les proscriptions, les confiscations eurent lieu de la manière la plus effrayante. Le sang des royalistes et celui des républicains coulèrent à la fois sur les échafauds. A ces horreurs succédèrent celles de la royauté ; ainsi l'Angleterre a perdu sa république et compte plus d'un siècle de troubles, de meurtres, d'assassinats, pour avoir admis qu'il est des *circonstances* où les *loix* et les *principes* doivent être *violés*, et la patrie abandonnée aux moyens arbitraires, aux coups d'état *d'une espèce de prévoyance politique* !

.Quel sera pour la république française le résultat des inconstitutionnalités commises aussi sous le prétexte de cette *prévoyance politique ?* . . . . . Ah ! il est encore des ressources pour elle dans les intentions et dans l'énergie de la plupart des membres de ses premiers pouvoirs ! Une vérité consolatrice dont il est essentiel de se bien pénétrer, c'est que le 22 floréal est l'ouvrage de bien peu d'hommes ! la honte en est acquise à une mince poignée d'intrigans, qui ont employé, d'un côté, l'apparence d'une sollicitude constitutionnelle pour en imposer à la bonne foi, de l'autre, tous les moyens de terreur pour en imposer à la faiblesse ! Il est impossible que cette œuvre du mensonge subsiste long-temps encore ! La voix de quelques individus, qui se sont placés hors de la ligne de la loi, l'emporterait-elle donc sur la voix du grand nombre qui ne l'a point dépassée, ou réussirait-on à faire croire, à des républicains français, que les moyens que la tyrannie a employés de tous temps pour établir sa domination et justifier ses forfaits, pussent être employés utilement pour consolider la république ! Il faudrait dire alors qu'il n'y a jamais eu de tyrans sur la terre, car il n'en est aucun qui n'ait invoqué la nécessité de cette *espèce de prévoyance politique*, pour expliquer les actes les plus féroces, qui ont signalé son existence. Néron immolant Britannicus, faisant assassiner sa mère, condamnant à mort son précepteur Sénèque, était aussi conduit par cette espèce *de prévoyance politique :* c'était le mot qui accompagnait ses arrêts de mort !

La faction du 22 floréal, dont le Rédacteur est certainement bien l'organe, déjà réduite à n'appuyer sa mesure, que sur le prétexte d'une *espèce de prévoyance politique*, ne devait point se flatter d'un grand succès dans l'emploi de ce moyen vague, insignifiant en lui-même, et toujours funeste dans son application. Il n'a pas été difficile d'établir que cette prétendue *prévoyance politique* n'était nécessitée par aucune espèce de danger même apparent ; qu'en supposant la réalité ou l'apparence de quelque danger, on pouvait et on devait y remédier par les moyens ordinaires d'une surveillance et d'une répression légales et constitutionnelles ; qu'au reste, dans aucun cas, il ne peut être permis, ni nécessaire de violer, *par prévoyance*, la loi fondamentale d'une nation et que cette *prévoyance* avait toujours été le prétexte de la tyrannie et la source des fléaux les plus cruels qui aient pesé sur les peuples.

La faction voudrait-elle bien nous dire quel code nous régira désormais, si la constitution n'est pas la seule règle de notre gouvernement, s'il est dangereux qu'elle soit toujours obéie? Nous dira-t-elle, au moins, à quels signes on reconnaît lorsqu'elle doit se taire? . ... Si la constitution vous paraît insuffisante pour nous gouverner, dites-le donc franchement! Il n'est pas plus difficile de passer cette déclaration, que de la violer ouvertement! Désignez-nous, *en amis*, ce qu'il faut corriger, ce qu'il faut ajouter; ou plutôt, faites *vous-mêmes* les corrections, les additions, que vous jugez-*vous* convenir. Donnez-nous enfin *votre volonté écrite*, afin que nous sachions à quoi nous en tenir, et que nous ne soyons plus exposés à être, tour-à-tour, où cumulativement, notés comme anarchistes et comme royalistes, parce que nous reclamons sans cesse l'exécution de ce que nous avons la bonhomie d'appeler constitution, et le *scrupule* de révérer comme telle! . . Dieux! les Français, vainqueurs des rois, ont-ils en vain juré qu'ils ne reconnaîtraient d'autres maîtres que les loix! Après avoir défendu leurs loix et leur constitution contre l'Europe armée, les verront-ils flétrir par le soufile impur d'une faction! ... Législateurs, directeurs, nous avions une constitution; elle devait être votre règle, comme elle était la nôtre; le dépôt en était confié à votre *fidélité*, comme il l'est à notre *courage*. Vous l'avez violée ou laissé violer!... Je remplirai le devoir qu'elle m'impose! Que les infracteurs de la loi de mon pays, quels qu'ils soient, apprêtent leurs tortures! Qu'ils disposent leurs instrumens de mort! ces appareils homicides n'intercepteront point la voix de la république, qui crie au fond de mon cœur, que sa sauve-garde, sa garantie, sa loi tutélaire, sa constitution *méconnue, violée, avilie, lacérée, presqu'anéantie*, reclame le *courage* des bons citoyens! Je ne connais pas de maux plus affreux que ceux de l'arbitraire! Ce que nous avions fait pour obtenir enfin la paisible jouissance de nos droits, sous l'empire de la loi, me rend l'arbitraire hideux, insupportable, pire que la mort ! Je l'invoque, la mort, plutôt que d'être le témoin des maux innombrables, qu'il prépare à mon pays ! Oui, je préfère la *solitude* du tombeau à la *présence* du crime !... Voulez-vous augmenter les pages funèbres du nécrologe de la révolution ! je ne serai pas le seul martyr de la liberté française, j'irai m'asseoir, dans le séjour de la mort, au milieu des représentans du peuple, immolés pour cette cause sacrée !

Le corps législatif sera-t-il plus indulgent, pour le 22 floréal, que ne le sont ses auteurs eux-mêmes ? Dès qu'il est reconnu, même par ces derniers, que l'acte est *incons- titutionnel*, et n'a point eu à frapper des *conspirateurs*, les conseils peuvent-ils hésiter à prononcer la réprobation de cet acte, dont la seule inutilité serait plus que suffisante pour le faire rapporter ? Il était déjà un scandale public, lorsqu'on le prétendait conforme aux loix, et dirigé contre une *conspiration*; mais aujourd'hui, que ses auteurs eux-mêmes l'ont dépouillé de ces circonstances, son existence est une insulte à la morale et aux principes; son maintien est le *cinisme* du pouvoir arbitraire !

Représentans du peuple, êtes-vous assez attentifs à tout ce qui se passe autour de vous ? Il n'est pas indigne de vos soins de considérer, d'une part, l'empressement qu'on a mis à faire passer la mesure du 22 floréal, comme très-*constitutionnelle*, et, de l'autre, la facile complaisance, avec laquelle, on avoue aujourd'hui que la constitution n'a point été respectée ? Remarquez avec quelle délectation le journal officiel nous entretient des violations de la constitution ? Il nous parle des tristes conquêtes faites sur elle, avec le même ton, que des victoires remportées par nos armées. Cependant, s'il pouvait jamais avoir existé une époque où le salut de l'état aurait exigé que la constitution fût violée, ce jour devrait être un jour de deuil, et un bon citoyen ne devrait en rappeler qu'à regret le douloureux souvenir! Mais le plaisir que prend le Rédacteur à nous retracer ces violations, n'a rien qui surprenne un observateur attentif. Voilà le mot : on n'a violé la constitution dans quelques détails, que pour s'essayer, et afin que ces violations elles-mêmes fussent un prétexte de la détruire entièrement. Le temps n'est peut-être point éloigné, où une faction viendra insinuer qu'une constitution, *plusieurs fois violée* (1), est désormais sans pouvoir, et s'offrira à y substituer ses conceptions particulières. Eh bien, cette faction sera la même que celle qui a sollicité ces violations particlles !

Il est impossible de se déguiser qu'il existe des vues subversives de l'ordre actuel des choses. On ne viole point sans but, ce qu'on semblerait avoir tant d'intérêt à laisser intact. Une mesure inconstitutionnelle, comme celle du 22 floréal, dirigée contre la représentation nationale et la souveraincté du peuple, ne peut annoncer que des vues perfides et ambitieuses, des calamités publiques et tous les fléaux de l'arbitraire. Cette inconstitutionalité est l'ouvrage de la faction, éternelle ennemie de la révolution, qui a exercé pendant si long-temps ses fureurs contre les républicains, en leur appliquant des dénominations odieuses. Enorgueillie de ses horribles succès, de ce côté-là, elle a cru qu'il ne lui restait plus qu'à diriger sa ruse et ses efforts contre la constitution

----

(1) C'est un des motifs les plus déterminans mis en avant par l'Ambassadeur Trouvé, pour justifier le bouleversement qu'il vient de commander et d'exécuter dans la Cisalpine.

elle-même. Elle sait combien il lui sera facile d'anéantir la république et les républicains, au milieu de la confusion des pouvoirs, au milieu du chaos de l'arbitraire !

Pour assurer les conquêtes qu'elle a déjà faites sur la constitution, et pour se préparer les moyens d'en remporter de nouvelles, elle a obtenu que *la presse fût asservie*. Elle était sûre de trouver l'art de la diriger exclusivement à son profit. La faculté exclusive de la presse, déposée entre ses mains, qui peut l'arrêter dans sa marche vers l'arbitraire ? qui peut l'empêcher d'organiser une tyrannie, telle que l'Europe ancienne et moderne, n'en auront point fourni d'exemple ? La France monarchique avait sa *bastille* ; les rois ont leurs châteaux - forts ; l'Italie du moyen âge avait des poignards et des poisons ; la faction : qui veut établir sa domination sur les ruines des principes, est assurée de réunir tous ces moyens tyranniques.

En détériorant, dans des feuilles perfides, les opinions les plus saines, et en leur donnant un air de criminalité, elle fait précipiter leurs auteurs dans de sombres cachots.

En renouvelant, en fomentant, en inventant des dénomminations de parti, elle dirige les poignards de ses Seïdes sur les hommes qu'elle désigne.

Par la diffamation et la calomnie, elle empoisonne l'existence de ceux qui, dans leur ingénuité, osent professer tout haut les principes de la morale et de la politique, qui tendent à établir la paix et l'union entre les hommes.

Suivons rapidement la série des maux, qui sont les effets nécessaires de la limitation de la presse, et de l'emploi *exclusif* que la faction en fait à son profit. Pour parvenir à éteindre l'enthousiasme de la liberté, elle livre au mépris et à l'abjection, tout ce qui a servi la révolution ; elle répand des maximes qui commandent l'esclavage ; elle préconise l'arbitraire. Voyez, en effet, les maximes dont abondent les journaux salariés. N'avons - nous pas vu naguère, un journal *officiel* nous débiter, avec gravité, qu'on avait bien fait de tromper le peuple au commencement de la révolution, en lui donnant l'espoir qu'il n'aurait plus de gabelle, etc. afin de le porter au renversement de l'ancien gouvernement ; mais qu'aujourd'hui on était déchargé de l'obligation de lui tenir parole, parce qu'un gouvernement nouveau était *à la place* de l'ancien, et qu'ainsi *le but était rempli* (1)? Ne voyons-nous point tous les journaux salariés nous insinuer que soit qu'on n'exécute point les loix, ou qu'on les viole, que soit qu'on nous pince ou qu'on nous écorche, nous ne devons donner aucun signe de vie ; que le tout se fait pour notre plus grand bien, et qu'une *indi, férence léthargique* est la vertu des républiques modernes. Si des citoyens cou- rageux, semblant ne pas croire à l'infaillibilité des gouver- nans, manifestent quelques inquiétudes sur l'inexécution des loix, sur les violations de la constitution ; leurs inquié- tudes sont appelées *turbulence, anarchie !...* Lorsqu'au nom du gouvernement, on poursuivait avec un acharnement atroce, et l'injustice la plus révoltante, les meilleurs ré- publicains, comme ennemis de la constitution de l'an III, certes on devait blâmer ses folles craintes, on devait gémir sur les erreurs homicides dans lesquelles elles l'entraînaient ; mais au moins on pouvait alors lui savoir gré de sa sollici- tude pour le maintien de la constitution, et on pouvait n'at-

---

(1) « Otez vous que je m'y mette. » Voila comme ces messieurs veulent bien entrevoir le but de la révolution ! nous le savons de reste.

tribuer ses écarts qu'à l'erreur. On pouvait espérer de le ramener à des idées plus saines sur les individus, et en faisant cesser ses alarmes , d'arrêter le funeste cours de ses innombrables méprises. C'était-là l'espoir des républicains.... Mais aujourd'hui , où est leur espoir? Ce n'est plus comme ennemis de la constitution de l'an III qu'on les poursuit, mais comme ses défenseurs. On leur fait un crime de tout ce qu'ils font, de tout ce qu'ils disent de favorable à la constitution? Le zèle à la défendre est appelé *anarchisme*, du même nom qu'on donnait au prétendu dessein de la renverser. La faction ne s'est pas même donné la peine d'inventer une *nouvelle* dénomination, pour désigner le crime *nouveau* de défendre la constitution. Que lui importe, en effet, de conserver, au milieu de ses persécutions, une apparence de justesse dans les idées, dès qu'elle parvient à son but? Ce mot, *anarchie*, avait précédemment fait une fortune brillante; il avait été le signal des haines, des vengeances, des assassinats. On a cru adroit de continuer cette dénomination à ceux qui oseraient prendre la défense de la constitution et des principes. C'est comme si on avait dit aux royalistes : « Vous savez combien est odieux un *anarchiste*,
» un homme qui veut rétablir les échafauds de la terreur!
» votre haine semble se rallentir, parce que vous croyez
» appercevoir que cette espèce d'hommes, quoique d'une
» autre opinion que la vôtre, ne veut pas plus que vous du
» gouvernement révolutionnaire, et invoque la tranquillité
» *constitutionnelle*; oh! c'est à ce signe que vous devez
» reconnaître les anarchistes! Tout homme qui ose se dire
» l'ami des loix, réclamer contre les violations de la cons-
» titution, est un *anarchiste* ! nous le vouons à votre exé-
» cration ! *exterminez ! exterminez* » !

Ces maux sont d'autant plus affreux, qu'il ne reste, vu la limitation de la presse, aucun moyen de résister à la barbarie avec laquelle la faction se joue des principes, des loix et des hommes. *Les principes !* eh ! ils nous reconduiraient, selon elle, au régime des prisons et des échafauds !... Dieux ! quel abus de mots et d'idées ! Quoi ! vouloir que la constitution soit respectée, c'est vouloir le gouvernement révolutionnaire ! combattre l'arbitraire, c'est rappeler le régime des suspects !

Comment accorder l'indépendance de la représentation nationale, avec la faculté accordée à la police sur la presse ? La police, ou le directoire, comme l'on voudra, a ses journaux ; ils sont connus de tout le monde. Des directeurs ont les leurs. Mais les représentans du peuple qu'ont-ils à leur opposer ? Par le moyen de ses journaux privilégiés, le directoire exerce le droit de censure sur les motions, sur les projets de loix, sur les résolutions, sur les loix elles-mêmes. Cette faculté est-elle constitutionnelle ? Le pouvoir chargé d'exécuter les loix peut jeter publiquement le blâme et sur les législateurs et sur leurs actes ; les moyens de contrebalancer cette influence sont interdits à tous, *citoyens ou législateurs !* Que doit-il arriver de cette nouvelle magistrature, que s'arroge le directoire ? C'est que la division du pouvoir législatif et du pouvoir exécutif n'existera plus ; mais que tous les deux résideront virtuellement dans les mains du directoire : la constitution est donc encore là méconnue !

Quels inconvéniens, quels dangers environnent le représentant du peuple qui voudrait faire son devoir ! Que n'a-t-il pas à appréhender de la part d'une puissance qui s'est assuré l'inviolable prérogative de jeter, à plaines mains, le ridicule, sans craindre la représaille ; de déraisonner, sans pouvoir être réfutée ; de diffamer, sans craindre de se voir opposer de justifications ; de se répandre en menaces, sans pouvoir être rappelée à la décence ; et de les effectuer, sans qu'il soit permis de publier son injustice ! ! ! La représentation nationale n'a point d' places fortes, elle ne fait point mouvoir d'armées ; son seul appui est l'opinion publique. Mais si elle ne peut émettre ses principes, sans les voir travestis ; si elle n'a point de moyens de les rétablir et de les défendre ; s'il faut enfin qu'ils ne parviennent à l'opinion publique, qu'après avoir passé par le canal de la police, qu'est-ce donc que la représentation nationale ?

Voilà ou l'a réduite l'article XXXV de la loi du 19 fructidor, prolongé par un acte nouveau. Si on n'avoit pas fait, à la police le funeste présent de la faculté de fermer les journaux, qui lui déplaisent, la France n'aurait pas éprouvé la douleur de voir sa constitution violée au 22 floréal et à d'autres époques.

La privation du droit d'émettre librement sa pensée n'est pas le seul inconvénient, qui résulte pour le peuple, de l'article XXXV de la loi du 19 fructidor ; ce ne serait au moins que *la suspension* de l'exercice d'un de ses droits ; mais il y a plus : la loi limitative de la presse la met à la disposition exclusive de la police ; elle en use comme d'un moyen d'attaque ; la presse devient dans ses mains une arme d'autant plus terrible, et d'autant plus meurtrière, que par-tout où elle frappe, elle frappe sur des choses *indéfendues*, ou sur des hommes *désarmés* !... Brisez les presses ; faites fondre tous les caractères ; prohibez-les ! vous ne serez que des Vandales !... mais en donnant à la police le privilège exclusif de la presse, vous créez la plus effrayante dictature qui ait jamais existé ! vous lui donnez sur nous le droit de vie et de mort. Non-seulement nos personnes sont à sa merci ; mais nos loix, mais notre constitution ! elle les interprète, les ridiculise, les corrode, les attaque, les annéantit ! ! ! ! ! Si une bouche s'ouvre pour les défendre, elle est à l'instant scellée !... Peut-être verrons-nous bientôt d'érudits juris-consultes venir nous prouver que la *faculté d'imprimer* est comme la *faculté de battre monnaie* ; qu'elle appartient *essentiellement et exclusivement* aux gouvernans. Nous pourrions avoir à peu près autant *d'hôtels d'imprimeries*, que nous avons d'hôtels *de monnaies*. Que les tyrans de toutes les espèces se hâtent de mettre à exécution ce beau pro-jet ; car autrement l'imprimerie, malgré les limitations et les scellés, balaiera de la terre toutes les tyrannies ! *O utinam !*...

Mon objet n'est point de relever tous les dangers du pouvoir dictatorial que la police exerce par la presse. Mon plan est de vous montrer, par tout ce que l'on fait contre la constitu-tion et les principes, que l'inconstitutionnalité du 22 floréal n'est point une erreur, mais un attentat commis à dessein, contre la représentation nationale et la souveraineté du peuple. Je ne finirais point si je vous esquisssais seulement tout ce qui nous révèle le projet sinistre de renverser la constitution de l'an III.

Après avoir gémi sur ce qui est fait, en vain chercherait-on à se tranquilliser sur ce qui se fera ; il est impossible de se faire illusion. Ce qui vient de se passer dans la Cisalpine n'est pas bien propre à calmer nos alarmes ! Non-seulement on a enfreint *la foi des traités* ; non-seulement on a outragé par la force, la souveraineté *reconnue* du peuple Cisalpin ; mais on a insulté *à la constitution française* ! C'est au nom du directoire *de France*, que l'ambassadeur *de France* a prononcé une virulente diatribe contre les principes de la constitution française, qui était aussi celle de la Cisalpine, *l'heureux gage* de la fraternité entre les deux nations !

S'il ne s'agissait que de changemens purement relatifs à la position territoriale et financière de la Cisalpine, la mesure ne serait point légitimée, mais au moins elle ne serait pas de nature à nous inspirer des inquiétudes pour nous-mêmes. *Des vues d'économie, les intérêts locaux* ne sont que le prétexte des innovations opérées. *Voyez le discours de* Trouvé. C'est la constitution qu'il frappe au cœur! Les motifs, qu'il allègue pour opérer ces changemens, tiennent *si intrinsequement* à la constitution, qu'ils s'appliquent autant à la France qu'à la Cisalpine; ce qui démontre l'arrière-pensée! Il est impossible de ne pas voir, dans cette conduite du directoire français, l'envie de livrer au mépris la constitution de son pays. Est-ce de sa part qu'on devait attendre la censure de la constitution? Ce cera une époque unique, sans doute dans l'histoire, de voir un ambassadeur s'ériger *officiellement* chez l'étranger, en censeur des loix, qui régissent sa propre nation, en enlever, par la force, la jouissance à un peuple voisin, qui les avait adoptées! Si cette mesure n'offrait point la réalité de vues perfides, d'intentions criminelles, il faudrait au moins avouer qu'elle serait le comble de l'ineptie, et qu'elle devrait nous donner la plus *chétive* idée de notre diplomatie. Nous devrions être jaloux de faire respecter au dehors notre constitution! et nous envoyons un *ambassadeur extraordinaire* pour soutenir une thèse publique contre elle !...

Mais en quoi cette réforme paraît-elle devoir consister? est-ce le zèle des prérogatives de la nation, qui égare les réformateurs, et leur fait imprudemment devancer les époques constitutionnelles des revisions? Ah ! c'est bien ici,

où l'ami de la liberté et du bonheur de son pays doit gémir !
Ce sont les bornes du pouvoir qu'on veut reculer ; on veut
doubler le temps des fonctions législatives , et donner sur-
tout au directoire *plus de force* !... (1) Trois ans de légis-
lature , cinq ans d'exercice de la première magistrature exécutive sont un terme trop court !... Pour qui ? pour ceux
sans doute , qui ont perdu la raison et la honte , en s'enni-
vrant à la coupe de l'ambition et du pouvoir !... Comment
a-t-il pu exister un homme assez déhonté , pour soutenir que
la sûreté et la perennité des vues législatives et administra-
tives n'étaient pas suffisamment établies , par l'institution
d'un corps législatif qui , dans ses renouvellements , conserve toujours les *deux tiers* de ses membres , et par celle
d'un directoire exécutif , qui ne perdant chaque année
qu'un seul membre , en conserve toujours *quatre* , qui sont
dépositaires des projets et des données administratifs !
Disons hautement que cette idée de prolonger la durée des
fonctions des législateurs et des directeurs ne peut être que
la conception de l'ambition délirante , ou la perfide insi-
nuation d'un traître qui pousse au crime pour en recueillir
le fruit, ou le dernier terme de la servile adulation de
quelque valet.

Quoi ! chez un peuple qu'on dit libre , il ne suffirait point
à un homme de posséder pendant cinq ans la première
magistrature exécutive ! pour le tranquilliser , pendant ces
cinq ans , sur la responsabilité , aux dangers de laquelle
pourraient l'exposer les actes inconsidérés et arbitraires
que l'aveuglement du pouvoir , si long-temps conservé , lui
feraient commettre , on le placerait ensuite , *pour six ou
huit ans* , au milieu de la représentation nationale ! ! !

____

(1) Voyez le discours de Trouvé.

quelle idée dégoûtante , d'avoir transporté les odieux pri-
vilèges des anciens *asiles* à l'enceinte du corps législatif !

Il est toujours vrai de dire que notre constitution a été li-
vrée, en notre nom , au mépris et à l'exécration d'un peuple ami ; et qu'on a employé autant de soins à lui commander
de la répudier, qu'on en avait mis à la lui offrir comme un présent de l'amitié et de la fraternité ! ... Quelle fut belle et
glorieuse pour la France , l'époque où le vainqueur de l'Italie lui demanda , pour prix de la victoire , qu'il fût permis
à la grande nation d'asseoir les premières bases de sa liberté et de sa prospérité , en lui offrant la constitution
française ! « Tenez , voilà ce que nous ont obtenu huit an-
» nées de révolution !... Après des travaux immenses ,
» après les sacrifices les plus pénibles , après bien des larmes
» et du sang répandus , au milieu des mouvemens suscités
» par le despotisme et la corruption , *sa fidèle auxiliaire* ,
» nous avons vu plus d'une fois le principe de la souverai-
» neté du peuple et les avantages du gouvernement repré-
» sentatif sur le point de rentrer dans la classe des *abs-*
» *tractions* ! Une constitution formée au sein des orages ,
» mais qui consacre ce principe éternel et ces avantages
» précieux, fixe la volonté des Français instruits à l'école
» de l'expérience. Puisse-t-elle aussi fixer la vôtre ! Consi-
» dérez, au reste, qu'elle vous offre des moyens tranquilles ,
» légaux, de la perfectionner de plus en plus ».

N'est-ce pas là le langage que la grande nation tînt , par
l'organe de Buonaparte , à une partie de l'Italie , réunie par
ses victoires en une république ? Cette conduite est bien
celle de la modération , de la bienveillance , de la fraternité ! Quel bel article à ajouter au code du droit des gens !
Comme cette conduite sublime contraste avec l'acte despo-

tique de *Trouvé !* Le vainqueur rend hommage à *l'indé-*
pendance du peuple *vaincu !* L'individu , obligé par son
caractère , de respecter un peuple *indépendant*, conspire
à force ouverte contre son *indépendance reconnue*, au
mépris des loix de l'hospitalité , du droit des gens , et de la
foi des traités ! O muse de l'histoire ! comme tu peindras ces
deux époques, sous des couleurs différentes ! Honneur de ma
nation , comme tu es indignement compromis ! O Cisalpin ,
peuple digne de la liberté , que l'excès de tes maux ne te
fasse point méconnaître que tout ce que la France compte
de républicains a pleuré sur tes affronts !. . .

De quelque côté que l'on tourne les yeux , on voit la
constitution violée , avec le dessein non déguisé de la
violer encore ! La souveraineté du peuple , méprisée au
22 floréal, l'anéantissement de la représentation nationale
par la limitation de la presse , la note diplomatique contre
les principes de la constitution , voilà des évènemens qui
appellent, sur la brèche, tous ceux qui ne sont pas indifférens
à leur repos et à leur bonheur.

En vain dans des discours d'apparat, cherche-t-on à faire
diversion à l'indignation publique, en annonçant que la
constitution sera respectée. L'ambassadeur *Trouvé,* n'avait-
il pas , au nom du directoire, salué l'indépendance cisalpine? Le même homme, au nom du même directoire, n'a-t-
il pas , quelques mois après, enlevé de vive force , à la république cisalpine , les loix qui lui étaient chères par le
souvenir de son affranchissement, et par la part qu'elles sem-
blaient lui donner aux destinées de la grande nation... Mais
si vous avez un si grand respect pour la constitution, pourquoi n'avez-vous pas encore fait justice de l'outrage public,
qui lui a été fait par la censure plus qu'insolite de l'am-

bassadeur Trouvé? Pouvons-nous croire que vous ayez envie
de révérer chez nous une constitution que vous peignez
comme un *fléau* chez un peuple voisin ?... Mais, est-il nécessaire d'aller chercher au-dehors des exemples de votre
insouciance ; que dis-je, de votre mépris pour la constitution ? N'est-il pas démontré qu'elle a été violée par la
funeste introduction du triage du 22 floréal ? Aussi long-
temps que vous laisserez subsister cette inconstitutionalité,
la France peut-elle croire à vos protestations d'attachement
à la constitution ?... Ne pas réparer ces outrages qui lui ont
été faits, n'est-ce pas les renouveler chaque jour ?

Que des hommes, à froides combinaisons observent
tranquillement ces tentatives audacieuses, ces inconsé-
quences ridicules, et peut-être réfléchies ; je le conçois,
parce qu'ils les regardent comme des moyens de chûte et de
révolution. Mais, n'est-il pas plus à desirer que le bien
s'opère par des moyens doux et non convulsifs ? L'exemple
de ceux qui, après s'être popularisés, sont devenus les op-
presseurs et les spoliateurs de la nation, n'est pas propre à
nous faire desirer de nouvelles révolutions ! Ah ! qu'ils se
contentent d'avoir accumulé dans leurs mains nos richesses !
qu'ils nous laissent nos loix, et nous permettent de vaquer,
sous le repos constitutionnel, aux soins de former et de perfectionner les institutions qui doivent assurer la tranquillité et la prospérité publiques !

Mon but, dans cette lettre, était de ne plus laisser de
refuge aux subtilités des auteurs du 22 floréal, et de démontrer, dans cette mesure et dans d'autres qui l'ont suivie,
le projet de renverser la constitution de l'an III. Je crois
que ce but est rempli. C'est aux Conseils à détruire la nouvelle chaîne qu'on nous forge, en commençant à briser

le premier chaîn on, qui s'attache à l'acte du 22 floréal.

Représentans du peuple, tout ce qui vous entoure vous prévient de ses fausses idées, et égare votre opinion sur le 22 floréal. Les plus opiniâtres serviteurs de la faction ont l'adresse de convenir avec vous que cette mesure est inconstitutionnelle ; qu'elle était même inutile, parce que la faction sait bien qu'elle ne parviendrait point à faire admettre le contraire par les représentans républicains ; mais, se repliant sur ses moyens machiavéliques, elle vous fait entendre qu'il faut sacrifier cette journée *à la paix*, *à l'union* entre les pouvoirs. *Le sort des exclus*, vous dit-on, doit-il l'emporter sur des considérations politiques ? La *cause de quelques individus*, froissés par le 22 floréal, ne doit-elle pas céder à la nécessité de conserver l'harmonie entre le corps législatif et le directoire ?.... Voilà les dernières ressources de la faction, pour prévenir le rapport du 22 floréal.

D'abord, est-il ici question du *sort*, de la *cause* de quelques individus ? Non, représentans, non. Que jamais l'intérêt de quelques individus ne soit mis en balance avec des considérations d'utilité publique ! Je professe, pour ma part, cette maxime dans toute l'étendue du désintéressement républicain. Mais lorsqu'on vous parle du 22 floréal, vou occupe-t-on d'intérêts particuliers ? On vous dit que, la constitution ayant été violée, il faut qu'une réhabilitation marquante soit le gage que désormais elle restera parfaitement intacte. Ce ne sont donc point les exclus que vous devez considérer, mais c'est la bréche faite à la constitution qui requiert votre sollicitude. La France vous demande si vous êtes les défenseurs et les vengeurs de la souveraineté du peuple. Laisserez-vous à l'histoire à répondre que vous étiez au-dessous de cette honorable mission ?...

Mais quel est donc cet autre prétexte, dont se sert la faction, en vous engageant, par des considérations d'harmonie entre les pouvoirs, à ne point vous occuper du 22 floréal? Quoi! la faction elle-même vous laisserait croire que le directoire, ou plutôt que des directeurs ont intérèt à ce qu'une inconstitutionalité subsiste! Quel serait cet intérêt puissant, qui pourrait les engager *à rompre avec le corps législatif*, si le corps législatif faisait ce qu'il a la faculté de faire sans être tenu d'en rendre compte à qui que ce soit, ce que son *devoir*, au-dessus de toutes les considérations, lui *ordonne* de faire? L'intérêt de ces directeurs peut-il être autre que celui de la constitution? Qu'ils nous disent donc pourquoi ils affectionneraient l'inconstitutionalité du 22 floréal! Qu'ils nous disent, sur-tout, quels seraient leurs droits pour trouver mauvais que le corps législatif, gardien spécial de la constitution, osât, sans leur aveu, réparer les bréches faites à cette constitution!

O vous, législateurs, qui avez réprouvé dans votre cœur l'acte du 22 floréal, comme attentatoire à la constitution, je vous traduis à votre conscience; et je vous demande où est le salut du peuple, si la crainte de blesser quelques membres d'un pouvoir, que la constitution place au-dessous de vous, vous empêche de la défendre et de la venger? Il faut opposer la hardiesse des principes à l'audace des usurpations. Défendre la constitution et les principes, ce n'est point opérer des déchiremens; c'est éloigner les causes qui les produisent. L'état de crise où nous nous trouvons est l'effet de l'abandon des principes... Assistez, dans le sanctuaire de l'histoire, au récit des causes qui ont préparé chez tous les peuples les crimes de la tyrannie et les horreurs de l'esclavage, vous verrez qu'elle place, sur la même ligne, les entreprises du pouvoir envahissant, contre la constitution, et les lâches concessions des autres pouvoirs chargés aussi du dépôt des loix.

Représentans du peuple, la solitude de plusieurs chaises curules vous annonce que le corps législatif est incomplet, qu'il a été mutilé. Ne croyez point qu'on n'ait eu que l'intention d'éloigner de votre enceinte quelques républicains énergiques... Mais on a voulu qu'à chaque instant vous eussiez présent à l'esprit que la représentation nationale n'est point à l'abri de la foudre. On a cru rallentir votre zèle, en vous la montrant, pour ainsi dire, à tout moment, prête à éclater sur vos têtes ! Oui, le vide qui s'apperçoit dans vos rangs est un emblême qu'on laisse à dessein subsister, pour faire croire que vous n'avez qu'une frêle et précaire existence.... Effacez cet emblême de votre faiblesse, et vous sortez aussitôt du néant politique où vous a placé l'acte du 22 floréal, et vous coupez la trame du complot le plus vaste, qui ait encore été ourdi contre les principes de la révolution !

L'exemple de l'homme isolé qui se dévoue pour le succès des principes, sera-t-il pour vous un exemple stérile ? si, dans un sénat corrompu, la voix du paysan du Danube ne fut point méprisée, seriez-vous insensibles à la voix de celui qui doit siéger à côté de vous, qui oublie ses propres dangers pour ne s'occuper que des vôtres et de ceux de la constitution ?

Que les échos de la faction répètent tant qu'ils voudront, qu'on desire l'anéantissement du directoire. Eh quoi ! le directoire n'est-il pas dans la constitution ? Sont-ce ceux qui défendent la constitution, au milieu de tous les fléaux dont ils sont menacés, qui peuvent être soupçonnés de la vouloir sentiler ? On le dit , on l'écrit ; mais quel est celui qui y croit ? Qui est-ce qui prenait la défense du directoire avant le 18 fructidor ? Sied-il bien aux vaincus dans cette journée, parce qu'ils ont pris un autre masque , de nous accuser de vouloir le détruire ?.... Voilà un sentiment qui est bien dans mon cœur ! C'est que loin.de vouloir mettre des entraves au pouvoir du directoire , je le défendrais avec le même courage, avec la même chaleur , que je mets à défendre les principes , si on voulait porter atteinte à ses attributions ; c'est que je ne veux pas même qu'on s'occupe à rechercher quelle part aurait eu tel, plutôt que tel autre, aux erreurs commises!. Je puis proclamer hautement mon vœu , parce qu'il est pur : je desire que le corps législatif, en réprouvant les inconstitutionnalités commises, rappèle, par là seul , au directoire , le devoir *nécessaire et toujours utile* de rester dans sa ligne. Je desire que du reste le corps législatif généreux , ou plutôt juste envers un pouvoir chargé d'une grande mission, l'environne d'une haute considération , et que sur-tout il lui multiplie les moyens d'organiser une glorieuse résistance contre nos ennemis , et de remplir avec succès les vastes entreprises qui doivent honorer le second lustre de notre république.... Ce vœu n'est pas à coup sur celui de la faction , qui caresse le directoire , et qui depuis trop long-temps est en possession de. l'aigrir contre les républicains.

J'ai cru, *ô mes* concitoyens du Pas-de-Calais, qu'il ne suffirait point d'aller vous dire, en retournant au milieu de vous, que j'avais trouvé fermée la porte du conseil des cinq-cents. Mais vous saurez que je n'ai pas craint de me proclamer hautement votre représentant, lorsque ce titre s'offrait que des dangers ; d'exhiber le mandat du peuple souverain, lorsqu'il était un objet de dérision. Si le mandat, le représentant du peuple, et le peuple lui-même restent méconnus , sont repoussés, outragés, j'aurai fait au moins ce que j'ai pu pour arrêter le débordement des maux , qui seront le funeste résultat du mépris de la constititution et de l'oubli des principes ! ! ! Cette constitution, à laquelle tous les républicains s'étaient ralliés , qui pouvait faire pendant long-temps le bonheur et la gloire de la France , qui pouvait se perfectionner sans secousses , sans dangers , par le bienfait des revisions ; qui pouvait au reste s'assurer un empire tutélaire , par des loix et par des institutions , qui auraient garanti ce qu'elle a d'excellent, amélioré ce qu'elle a de bon, et rendu supportable ce qu'elle peut avoir de vicieux ; cette constitution n'aurait-elle donc servi qu'à prolonger les situations pénibles et angoisseuses de l'état de révolution ? Ah ! si on l'avait fait exécuter franchement et loyalement ; si on avait secondé les progrès de l'esprit public, la révolution était terminée par le règne de la paix et de la constitution ; mais on ne s'occuppa qu'à fomenter des haines, qu'à provoquer des vengeances ! des mesures incohérentes, des hésitations pernicieuses , un système infâme de contre-poids , de bascule , de prétendu équilibre , enfin l'admission successive de toutes les théories , qui feraient penser que les gouvernans se croient essentiellement dans un état perpétuel de guerre avec les gouvernés, laissèrent entrevoir aux royalistes l'espérance de l'anéantissement de la répulique, et firent naître des craintes dans l'ame des patriotes. Voilà la cause de nos maux présens. Quoi! au lieu de voir, sous l'influence de la stabilité des loix, les haines s'éteindre, les ambitions de parti s'effacer, les craintes disparaître, les plaies de tous se cicatriser ; au lieu de jouir enfin du repos, qui naît du sentiment qu'on a une garantie dans des loix fondamentales, dans la moralité des pouvoirs, sommes-nous destinés à voir encore se rouvrir les cataractes des passions ? Le bonheur et la tranquillité fuient à jamais cette génération, si on ne se hâte de rendre à la constitution son entière existence, et de l'environner du respect de tous, en prononçant l'anathème contre les violations qui l'ont souillée, et qui finiraient par la détruire entièrement.

R. F. CRACHET,

maison de Picardie, rue de Seine, faubourg Germain.

Note première de la page 10.

Depuis la révolution on n'a rien vu de plus atrocement calomnieux que ce message du 13 floréal. *Conspirateur* est le terme le plus doux qu'il emploie contre des hommes, à la charge desquels il n'articule aucun fait pertinent. L'acception commune du mot *anarchiste*, qui avait suffi pour provoquer des milliers d'assassinats, a paru ne rendre pas une idée assez odieuse encore, pour peindre les élus dont il ordonnait la réprobation. *Le directoire,* y est-il dit, *entend, par anarchistes, ces hommes couverts de crimes, entachés de sang, engraissés de rapines.*——Voilà donc ce que sont les exclus du 22 floréal !... Quelle est la plume assassine, qui a tracé, sous les yeux du directoire, ces lignes de proscription et en a fait une application aussi meurtrière !.. Quel pays que celui où le sceau de l'état peut être destiné à sceller d'aussi horribles mensonges, à couvrir de l'impunité leur criminel auteur ! ! ! Je suis donc moi, moi réprouvé par l'acte qui a suivi ce message, je suis donc *un homme couvert de crimes, entaché de sang, engraissé de rapines!*. Le frisson de l'indignation circule dans tous mes membres!. Cesses de paraître sous une forme abstraite, calomniateur homicide, qui que tu sois! oui, oses, quelle que soit ta puissance, te montrer sous la forme d'un individu, je te traînerai devant la justice, et si tu pouvais être inviolable pour elle, tu ne le serais point pour moi!.. Je porte, dans ma personne et dans ma fortune, l'empreinte des traits dont m'ont frappé les factions diverses ; et toi, qui peut-être en rampant sur les traces de *toutes*, y as signalé ta présence, par les actes les plus vils et les plus féroces qui les distinguent, tu voudrais m'associer, moi ta victime, à la honte de tes forfaits ! ! !

De l'Imprimerie de la rue de l'Université, n°. 926.

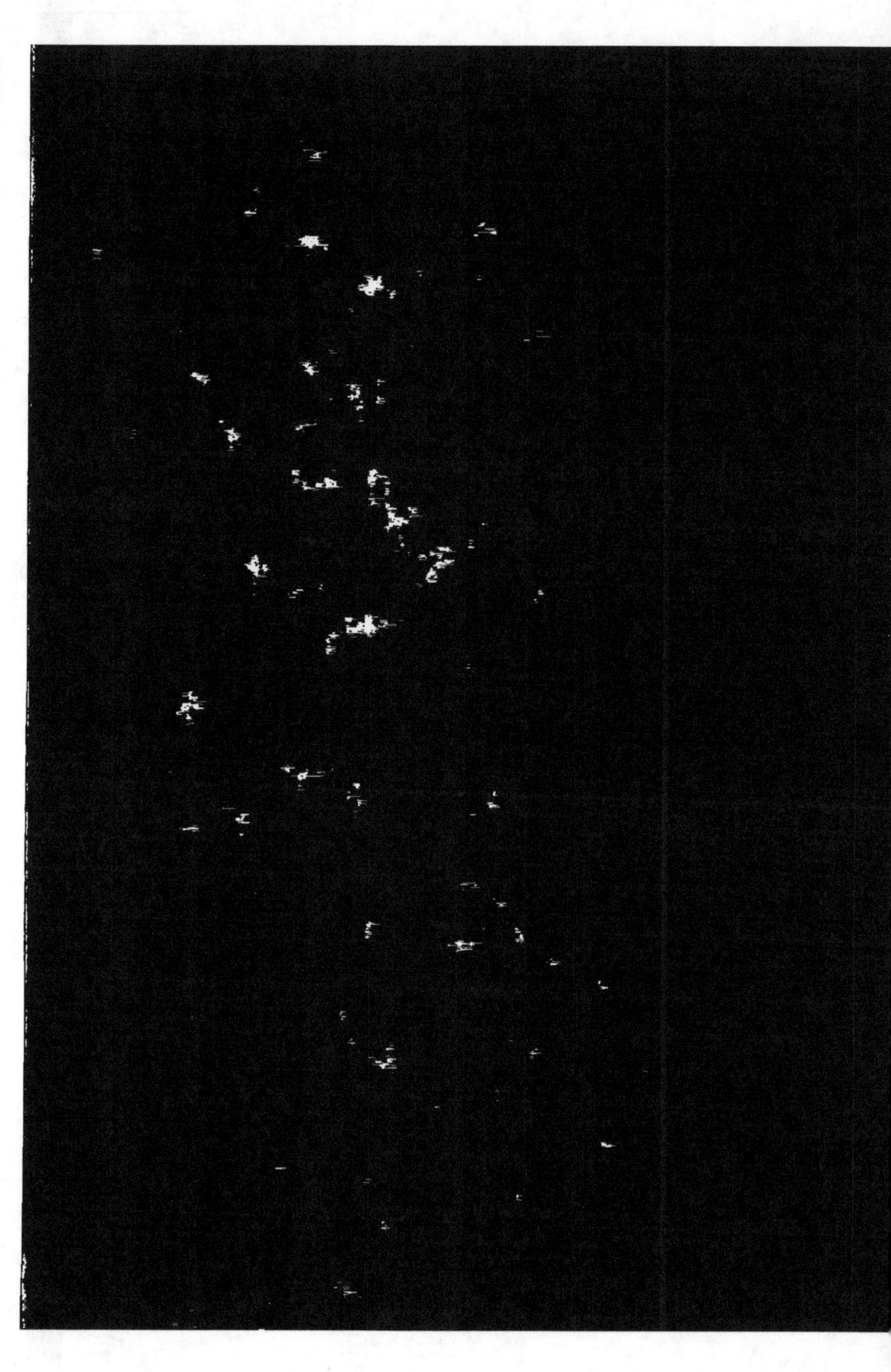